Julia Krömer, Karsten Jesche

eCommerce und Second Life

GRIN - Verlag für akademische Texte

Der GRIN Verlag mit Sitz in München hat sich seit der Gründung im Jahr 1998 auf die Veröffentlichung akademischer Texte spezialisiert.

Die Verlagswebseite www.grin.com ist für Studenten, Hochschullehrer und andere Akademiker die ideale Plattform, ihre Fachtexte, Studienarbeiten, Abschlussarbeiten oder Dissertationen einem breiten Publikum zu präsentieren.

Julia Krömer, Karsten Jesche

eCommerce und Second Life

GRIN Verlag

Bibliografische Information der Deutschen Nationalbibliothek: Die Deutsche Bibliothek verzeichnet diese Publikation in der Deutschen Nationalbibliografie; detaillierte bibliografische Daten sind im Internet über http://dnb.d-nb.de/ abrufbar.

1. Auflage 2008
Copyright © 2008 GRIN Verlag
http://www.grin.com/
Druck und Bindung: Books on Demand GmbH, Norderstedt Germany
ISBN 978-3-638-94366-6

eCommerce und Second Life

Hausarbeit

zur Erlangung der Prüfungsleistung im Fach

eCommerce

an der

Fachhochschule Hannover

Fachbereich Wirtschaft

WS 2007/2008

Eingereicht von:

Karsten Jesche   Julia Krömer

Hannover, 24. Februar 2008

Inhaltsverzeichnis

Abkürzungsverzeichnis

3-D	Dreidimensional
B-to-B	Business to Business
B-to-C	Business to Customer
MMORPG	Massively Multiplayer Online Role Playing Games
PR	Public Relation
SL	Second Life
V-Shopping	Virtuelles Shopping

Abbildungsverzeichnis

Kurzfassung

Die vorliegende Hausarbeit befasst sich mit der Fragestellung, welche Möglichkeiten des eCommerce innerhalb von Second Life existieren. Zu diesem Zweck
wird die virtuelle Welt vorgestellt und ihre aktuelle Nutzerstruktur dargelegt. Um
den Begriff des eCommerce auf die Fragestellung anwenden zu können, wird er
im Kontext dieser Ausarbeitung definiert und dazu genutzt, aktuelle Ausprägungen des eCommerce zu erläutern. Den Fokus ihrer Ausarbeitung legen die Autoren dabei auf die am stärksten vertretenen Formen des eCommerce, den
Handel mit virtuellen und den damit verbundenen Voraussetzungen, den virtuellen Vertrieb von realen Gütern und das eMarketing. Welche Entwicklungen Second Life im Bereich des eCommerce erleben wird und welche Konzepte nach
Ansicht der Autoren besonders zukunftsträchtig erscheinen, wird zum Ab-
schluss der Arbeit thematisiert.

1 Einleitung

Das Internet hat in den vergangenen Jahren einen starken Wandel durch das Web 2.0 vollzogen. So steht die Zentralisierung von Inhalten durch Wirtschaft, Politik, Organisationen und Medien nicht mehr alleine im Vordergrund. Es sind unabhängige Personen, die untereinander vernetzt sind und Inhalte im Internet einbringen, die an die breite Masse gerichtet sind.[1]

Mit dem Web 2.0 ergeben sich viele neue Möglichkeiten für den Internet-Nutzer sich am Internet zu beteiligen und es mitzugestalten. Im Jahr 2006 waren es die Online-Netzwerke, die den stärksten Effekt der Mitgestaltung und einen hohen Bekanntheitsgrad erzielten.[2]

Mit all diesen Veränderungen ergeben sich auch viele Chancen im eCommerce. Die virtuelle Welt Second Life stellt dabei eine interessante neue Umsetzung von eCommerce dar. Mit dieser Form des eCommerce haben die Betreiber von Second Life eine Nische im Web 2.0 entdeckt hat.

Im Jahr 2006 war die 3-D-Welt Second Life lediglich einem Drittel der Internet-Nutzer bekannt. Davon waren wiederum, nach einer Umfrage der marketing-börse, nur 3% bei Second Life angemeldet.[3] Allerdings stieg der Bekanntheitsgrad im Jahr 2007 auf ca. 70% (bezogen auf deutschsprachige Internet-Nutzer).[4]

Second Life ist nach wie vor in den Medien präsent. Die Frage ist, nimmt der Hype um Second Life mittlerweile ab? In der virtuellen Welt werden Potentiale für lukrative Geschäftstätigkeiten vermutet, weshalb viele Unternehmen in Second Life präsent sind. Und tatsächlich hat sich mit dem Start von Second Life ein neuer Kommunikations- und Vertriebskanal für die Wirtschaft aufgetan. Second Life wird für Werbung und PR genutzt, aber auch für den Handel, sei es für virtuelle oder reale Güter. Hier stellt sich die Frage: Haben die Unternehmen, die sich bislang in Second Life niedergelassen haben, strategisch ihre

---

[1] Vgl. o. V. : http://de.wikipedia.org/wiki/Web_2.0, 19.02.08.

[2] Vgl. o. V. : http://www.marketing-boerse.de/News/details/Trends-2006, 19.02.08.

[3] Vgl. o. V.: http://www.marketing-boerse.de/News/details/Trends-2006, http://www.marketing-boerse.de/Fachartikel/details/Portale, 19.02.08.

[4] Vgl. o. V.: http://www.w3b.org/ergebnisse/w3b24/, 12.02.08.

Ziele umgesetzt? Oder handelt es sich bei den Aktivitäten in Second Life um überstürzte Geschäftstätigkeiten, um sich dem Trend anzupassen?

Obwohl das Thema Second Life in den Medien[5] so präsent ist und mittlerweile auch Literatur erhältlich ist, gibt es keine fundierte Literatur zu Second Life in Verbindung mit eCommerce. In dieser Arbeit werden daher viele Internetquellen und Zeitungsartikel zum Thema eCommerce und Second Life zitiert.

---

[5] Insbesondere in Zeitschriften.

2 Second Life

Second Life genießt einen hohen Bekanntheitsgrad, vergleichbar mit dem Bekanntheitsgrad des bekannten Online-Games World of Warcraft.[6] Insbesondere
bei den Jugendlichen ist Second Life sehr bekannt, was eine Umfrage der Firma Fittkauf & Maaß Consulting ergab. In diesem Zusammenhang wurden
101.245 Internet-User vom 02. April bis 08. Mai 2007 befragt.[7] Die folgende
Abbildung stellt das Ergebnis der Umfrage dar:

Abb. 1: Bekanntheitsgrad von Second Life.[8]

Die tatsächlichen Nutzer sind dagegen gering. Und vielmals ist trotz des hohen
Bekanntheitsgrades nicht klar, was Second Life darstellt und was dort ge-
schieht. Um in dieser Arbeit über das Thema eCommerce und Second Life zu
diskutieren, muss im Vorfeld zunächst die Definition von Second Life erfasst
sowie das Verhalten der Second Life-Nutzer analysiert werden. Darüber hinaus,
wird aufgezeigt, wie Second Life sich finanziert.

---

[6] World of Warcraft ist ein Massen-Multiplayer-Online-Rollenspiel.
  Siehe hierzu: http://www.wow-europe.com/de/index.xml, 12.02.08.

[7] Vgl. o. V. : http://www.w3b.org/ergebnisse/w3b24/, 12.02.08.

[8] Vgl. o. V. : http://www.w3b.org/ergebnisse/w3b24/, 12.02.08.

2.1   Was ist Second Life?

Second Life ist ein virtueller Raum, auch genannt Metaversum, Virtuelle 3-D-Welt, Hyper-Realität oder Parallelwelt, die von der Firma Linden Lab am 24.06.2003 geschaffen wurde und seitdem betrieben wird.[9] In die 3-D-Welt ist ein Mehrbenutzersystem eingebunden, das auch einen Chat als Interaktionsinstrument aufweist. Im Metaversum wird ein zweites Leben abgebildet, reale Personen können sich mittels individuell gestalteter Avatare[10] (in Abbildung 2 ein Beispiel für einen Avatar) dort bewegen und interagieren. Second Life wird von den Bewohnern dieser Welt gestaltet, in dem sie individuelle Gestalten annehmen können, Handel betreiben, Grundstücke erwerben, Häuser selbst entwerfen und

Abb. 2:Avatar[11]

bauen und andere Fantasien dort ausleben.[12] Im Gegensatz zu Massively Multiplayer Online Role Playing Games, kurz MMORPG, ist Second Life kein Spiel, da hier die Freiheit der Mitgestaltung gilt. In den MMORPG gibt es keine Möglichkeit, die virtuelle Welt mitzugestalten und auch nicht Besitz zu erwerben. Zudem gibt es bei den MMORPG ein festes Spielziel oder aber eine Mission, die vorgegeben ist und damit auch eine Hintergrundgeschichte. All dieses findet sich in Second Life nicht. Hier kreiert der Nutzer sein eigenes Leben, jegliche Handlungen legt der Spieler selbst fest. Es ist somit eher eine Nachahmung des wahren Lebens.[13]

Der Standard-Account für Second Life ist kostenlos, demgegenüber steht der kostenpflichtige Premium-Account, für den eine monatliche Gebühr fällig

---

[9] Vgl. o. V.: http://de.wikipedia.org/wiki/Second_Life#Grundlagen, 13.02.08.

[10] Ein Avatar ist die personifizierte Darstellung der Anwender in Second Life.

[11] Eigene Abbildung vom eigenen Avatar in Second Life.

[12] Vgl. o. V.: http://de.wikipedia.org/wiki/Second_Life#Grundlagen, 13.02.08.

[13] Vgl. Pohlke, A.: Second Life, S. 4.

wird. Der Premium-Account beinhaltet bereits eine monatliche Miete für Land mit max. 512 qm und ist Voraussetzung für den Kauf von Land bzw. Inseln.[14]

Seit Ende 2003 gibt es als Spielwährung, den Linden Dollar in Second Life. Dieser ermöglicht es den Bewohnern, Waren und Grundstücke zu kaufen und sogar Gewinne zu erwirtschaften, so dass eine eigene Volkswirtschaft entstand.[15] Die virtuelle Währung kann außerdem gegen US-Dollar eingetauscht werden, was die Einbindung in den realen Wirtschaftskreislauf möglich gemacht hat.[16]

2.2   Finanzierung von Second Life

Die virtuelle Welt Second Life ist selbst eine eCommerce-Umsetzung des Unternehmens Linden Lab. Aus diesem Grund wird kurz aufgezeigt, wie Second Life sich finanziert und Gewinne erwirtschaftet.

Wie im Kapitel 2.1 „Was ist Second Life" bereits erwähnt, bietet Second Life einen kostenlosen Basic-Account und einen gebührenpflichtigen Premium-Account. Für den Premium-Account muss der Nutzer eine monatliche, vierteljährliche oder jährliche Grundgebühr entrichten. Der Preis hierfür staffelt sich nach der Zahlungsweise des Kunden. Bei einer monatlichen Zahlungsweise beträgt die Gebühr 9,95 US$.

Mit dem Premium-Account kann der Nutzer Land oder ganze Inseln erwerben. Der Preis für eine Insel mit 65000 qm beträgt ca. 1675 US$, der in voller Höhe an Linden Lab gezahlt werden muss. Andererseits können auch über Auktionen Grundstücke erworben werden.[17] In beiden Fällen muss zusätzlich eine monatliche Gebühr entrichtet werden: Für eine Insel beträgt die Gebühr 295 US$, für Grundstücke richtet sich die Gebühr nach der Größe der Region (Stand Mai 2007).[18]

---

[14] Vgl. Pohlke, A.: Second Life, S. 102.

[15] Vgl. Pohlke, A.: Second Life, S. 4.

[16] Vgl. o. V. : http://de.wikipedia.org/wiki/Second_Life#Grundlagen, 13.02.08.

[17] Vgl. o. V.: http://www.second-life.com/de/land_auktionen.html, 18.02.08.

[18] Vgl. o. V.: http://www.second-life.com/de/inseln.html, 18.02.08;
und vgl. Pohlke, A.: Second Life, S. 102.

Über den Premium-Account wurde die virtuelle Welt anfangs finanziert, doch die Einnahmen waren zu gering. Das gab den Anlass zur Einführung des Linden Dollars, um Handelsaktivitäten zuzulassen. Als mit dem Handel in Second Life die ersten Umsätze erwirtschaftet wurden, zeigten viele Firmen als Investoren Interesse. Heute finanziert sich Second Life zum einen über den Verkauf und die monatlichen Gebühren von Inseln und Grundstücken, und zum anderen über Investoren und Sponsoren. Im Jahr 2006 erhielt Linden Lab 11 Millionen US$ von Investoren.[19]

2.3   Second Life-Nutzer

Nach dem Paper der Elephant Seven AG gab es 2007 etwa 3.200.000 registrierte Anwender, davon waren jedoch nur 90.000 User täglich in Second Life aktiv unterwegs.[20] Die folgende Abbildung zeigt wie oft die User in Second Life im Jahr 2007 aktiv waren:

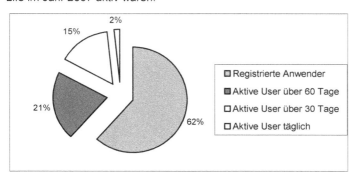

Abb. 3: Aktive User in Second Life[21]

Die Zahlen zeigen auf, dass sich viele Nutzer nach dem ersten Besuch nicht wieder in Second Life anmeldeten. Hierbei handelt es sich weitestgehend um

---

[19] Vgl. o. V.: http://www.onlinewelten.com/link.php?url=http%3A%2F%2Fwww.gamasutra.com %2Fphp-bin%2Fnews_index.php%3Fstory%3D8705, 20.02.08.

[20] Vgl. Breuer, M.: White Paper, Second Life und Business in virtuellen Welten, S. 12.

[21] Darstellung in Anlehnung an die Zahlen in Breuer, M.: White Paper, Second Life und Business in virtuellen Welten, S. 12.

den durchschnittlichen Internet-User, der Second Life nur aus Neugierde einmal ausprobiert hat.[22] Es sind nur knapp zwei Prozent der Gesamtnutzerschaft im Internet, die zu den aktiven Nutzern in Second Life zählen. Aus diesen Gründen wird die Signifikanz von Second Life für Wirtschaft und Marketing von Marktforschern bezweifelt.[23]

Eine gerechte Zielgruppenanalyse über die Bewohner in Second Life ist schwer zu erstellen, da die Avatare sich ein virtuelles Alter und Geschlecht zulegen können. Das erschwert Unternehmen den Zugang zum Konsumenten. Proximity Worldwide hat jedoch eine internationale Studie zu dem Online-Verhalten der User in digitale Welten durchgeführt.[24] Dabei wurde festgestellt, dass die präferierten Marken in der realen Welt auch in der virtuellen Welt erwünscht sind: 36 Prozent der Frauen und 39 Prozent der Männer äußerten dies. Und sogar 24 Prozent gaben an, ein Produkt gekauft zu haben, weil es sie in der virtuellen Welt angesprochen hat.[25]

---

[22] Vgl. Fittkau & Maaß Consulting (Hrsg.): http://www.w3b.org/ergebnisse/w3b24/, 12.02.08.

[23] Vgl. Lange, B.: Alle Kanäle, iX Magazin für professionelle Informationstechnik, 8/2007, S.21.

[24] Vgl. Schipper, M.: Konsumentenverhalten in digitalen Welten, 9/2007, S. 78.

[25] Vgl. Schipper, M.: Konsumentenverhalten in digitalen Welten, 9/2007, S. 78.

3 eCommerce und Second Life

Der Begriff des eCommerce wird in der Literatur unterschiedlich interpretiert.[26] Bei der klaren Eingrenzung des Begriffs kommt erschwerend hinzu, dass die Begriffe eCommerce und eBusiness synonym verwendet werden. Dieser Abschnitt bemüht sich daher um eine Unterscheidung zwischen den beiden Begriffe und eine Eingrenzung des eCommerce für die vorliegende Arbeit.

Obwohl der Begriff eBusiness häufig gleichbedeutend zum eCommerce verwendet wird, hat sich eBusiness als Oberbegriff aller geschäftlichen Aktivitäten rund um das Internet durchgesetzt. Klassifiziert wird eBusiness in verschiedenen Standardwerken nach den beteiligten Akteuren. Eine Übersicht über die möglichen Ausprägungen liefert Abbildung 1.

Nachfrager der Leistung

		Consumer	Business	Administration
Anbieter der Leistung	Consumer	Consumer-to-Consumer	Consumer-to-Business	Consumer-to-Administration
	Business	Business-to-Consumer	Business-to-Business	Business-to-Administration
	Administration	Administration-to-Consumer	Administration-to-Business	Administration-to-Administration

Abb. 4: Klassifikation des eBusiness nach beteiligten Akteuren[27]

eCommerce wird oftmals als Teilmenge des eBusiness betrachtet, die sich vor allem auf den Bereich des B-to-C und B-to-B-Bereich erstreckt.[28] Dieser Einschätzung wird auch in dieser Arbeit gefolgt, da nach ihrer Auffassung die überwiegende Mehrheit aller kommerziellen Aktivitäten in diesem Bereich stattfindet.

---

[26] Einen Überblick liefert Tamm et al., Konzepte in eCommerce-Anwendungen, S. 17.

[27] Tamm et al.: Konzepte in eCommerce-Anwendungen, S. 20.

[28] Vgl. o.V. http://www.gilbert-edv.de/engineering/5/crm/glossar.htm, 09.02.2008.

Gemeinsam ist vielen Definitionen, dass eCommerce als wirtschaftliche Tätigkeit, als Austausch von Gütern und anderen Leistungen unter Einbezug elektronischer Netze verstanden wird. In einer weiten Interpretation, die im Folgenden Anwendung findet, ist eCommerce „jede Art von wirtschaftlicher Tätigkeit auf der Basis elektronischer Verbindungen", die im Bereich des B-to-B oder B-to-C angesiedelt ist.[29]

Somit wird eCommerce in der vorliegenden Arbeit interpretiert als wirtschaftliche Tätigkeit zur Erlöserzielung zwischen Akteuren des B-to-B und B-to-C-Bereichs unter Verwendung des Internets oder anderer Netzwerke. Dabei muss die wirtschaftliche Tätigkeit zur Erlöserzielung nicht unmittelbar sein, kann stattdessen auch indirekt über Maßnahmen erfolgen, die zu einer Anbahnung von Geschäften führen. Demzufolge fallen auch alle Aktivitäten des eMarketing, also alle Marketing-Maßnahmen, die sich mithilfe des Internets umsetzen lassen, unter die für diese Arbeit genutzte Definition des eCommerce.[30]

Übertragen auf die Welt von Second Life stellt sich das Netzwerk im Sinne des eCommerce als eine Plattform für den virtuellen Handel oder zielgerichtete Kommunikation dar. Folgerichtig wird eCommerce in Second Life in erster Linie eingesetzt, um zum einen Umsätze zu generieren, aber auch um das Image oder den Bekanntheitsgrad eines Unternehmens zu verbessern.

Second Life bietet die Möglichkeit, den Nutzer in einer hohen Involvementphase anzusprechen, insbesondere Marketing-, Trainings- und eBusiness-Anwendungen lassen sich daher effektiv nutzen.[31] Der Nutzer von Second Life fühlt sich einbezogen, da er die virtuelle Welt mitgestalten kann. Zudem kann der Second Life-Nutzer gezielt angesprochen werden. Die gezielte Ansprache ist nach Markus Breuer eine der drei Grundprinzipien, für Marketing-

---

[29] Picot et al., Die grenzenlose Unternehmung: Information, Organisation und Management, 3. Auflage, Wiesbaden 1998.

[30] Vgl. o.V.: http://de.wikipedia.org/wiki/Online-Marketing, 20.02.08

[31] Breuer, M.: White Paper, Second Life und Business in virtuellen Welten, S. 2.

maßnahmen aller Art (1:1 Marketing[32], Behavioral Targeting[33], Word-of-Mouth-Marketing[34] u. a.). Dabei erfolgt eine gezielte Ansprache einzelner Personen aufgrund ihrer Bedürfnisse, wobei die Bedürfnisse auch nur hypothetisch sein können. Ein weiteres Grundprinzip ist die Steigerung der Glaubwürdigkeit durch die Nutzung von gepflegten und längerfristigen Netzwerken sozialer Beziehungen (Word-of-Mouth-Prinzipien). Das dritte Grundprinzip lautet: Die Ansprache auch außerhalb des Werbekontextes herzustellen.[35] All diese Grundprinzipien gelten nicht nur für Marketingmaßnahmen, sondern auch für den gesamten eCommerce, weshalb es sich für viele Unternehmen lohnt, ihr eCommerce-Konzept in Second Life umzusetzen.

Als Konzepte für virtuelle Welten eignen sich dabei einige der typischen Nutzungsszenarien aus dem Aufsatz von Markus Breuer.[36]

► **Das Prototyping für Produkte und Gebäude**

Es werden während des realen Entwicklungsprozesses eines Produktes virtuelle 3-D-Produkte und Räume geschaffen, sowie Analysen und Diskussionen mit potenziellen Anwendern geführt. Somit können Produkte, lange bevor es einen realen Prototyp gibt, getestet und damit gleich verbessert werden.

---

[32] 1:1 Marketing oder auch One-to-One Marketing bedeutet, dass alle Marketingaktivitäten konkret auf den Nutzer/Kunden individuell zugeschnitten wird. Quelle: http://www.wissensnavigator.com/interface2/management/strategy/1_1_marketing/index.htm, 18.02.08.

[33] Behavioral Targeting ist eine Technik, die es erlaubt, die Werbung individuell auf den User abzustimmen, unabhängig vom Content der besuchten Website. Quelle: http://www.cpc-consulting.net/Behavioral-Targeting, 18.02.08.

[34] Word-of-Mouth-Prinzipien bedeutet, gepflegte, längerfristiges Netzwerk von sozialen Beziehungen zu nutzen, um ein Produkt mittels Mundpropaganda bekannt zu machen.

[35] Breuer, M.: White Paper, Second Life und Business in virtuellen Welten, S. 5.

[36] Breuer, M.: White Paper, Second Life und Business in virtuellen Welten, S. 7.

► **Mass-Customization in neuer Realitätsnähe**

Bei diesem Nutzungsszenario wird der Bezug zur Realität hergestellt. Auf Basis einer großen Realitätsnähe erfolgt die Konfiguration von individualisierten Produkten, die Nutzern vorgestellt werden. Es besteht die Möglichkeit, Produkte direkt zu bestellen und in physischer Form auszuliefern.

► **V-Shopping**

V-Shopping stellt virtuelle Läden und Einkaufszonen in der virtuellen Welt bereit, die ihre Produkte präsentieren. Das V-Shopping soll den Einkauf in der realen Welt in einer virtuellen Welt abbilden. Dabei soll das Gefühl des echten Shoppings vermittelt werden.[37]

Für die vorliegende Arbeit wird jedoch aufgrund des eingeschränkten Rahmens lediglich ein Ausschnitt aus dem eCommerce im Zusammenhang mit Second Life vorgestellt. Der Schwerpunkt dieser Arbeit liegt auf dem elektronischen Handel mit virtuellen Gütern und eMarketing-Aktivitäten. Zudem gibt die Arbeit einen Einblick in Mischformen des eCommerce, bei denen virtuell gekaufte Produkte Weg ihren Weg ins reale Leben finden.

---

[37] Breuer, M.: White Paper, Second Life und Business in virtuellen Welten, S. 7.

4 Ausprägungen des eCommerce in Second Life

4.1   Handel mit virtuellen Gütern

Um zu verstehen, warum Nutzer, für immaterielle Güter reales Geld ausgeben, ist es notwendig, sich mit den wirtschaftlichen Mechanismen in Second Life auseinanderzusetzen. Dieses Kapitel soll nicht nur die verschiedenen Formen des Handels mit virtuellen Gütern erläutern. Es dient darüber hinaus dazu, die Unterschiede zwischen der virtuellen Ökonomie von Second Life zu ähnlichen Anwendungen im Internet aufzuzeigen und zugleich die Voraussetzungen für den Handel mit virtuellen Gütern erläutern.

4.1.1 Rahmenbedingungen

Der Handel mit virtuellen Gütern ist keine Entwicklung, die mit der Einführung von Second Life einhergeht. Obwohl diese Art des Handels von einigen Herstellern ausdrücklich untersagt wurde, entstand rund um die immer beliebter werdenden MMORPGs reger Handel mit virtuellen Gütern.[38] Sogar eigens für diesen Zweck ins Leben gerufene Handelsbörsen haben sich entwickelt, um den Austausch von Waffen, Gebäuden oder Land zu unterstützen. Vorzugsweise werden Items gehandelt, die besondere Fähigkeiten besitzen, also besonders selten sind.[39] Für Spieler, die aus bestimmten Gründen wenig Zeit in den Aufbau einer Spielfigur investieren können oder wollen, werden selbst ganze Spieler-Accounts für MMORPGs gehandelt.

In beiden Fällen – Items mit besonderen Fähigkeiten und Spieler-Accounts - handelt es sich um ein rares Wirtschaftsgut, das u. U. zum Erreichen des Spielziels beiträgt. Dieser Umstand misst dem gehandelten Ge-

---

[38] Vgl. Steiner, M.: Geschäft mit virtuellen Gütern im Internet boomt
http://www.pressetext.de/pte.mc?pte=080207036, 19.02.08.

[39] Vgl. Tzschentke, K.: Handeln mit virtuellen Gütern: Die Boutique für Online-Gamer,
http://derstandard.at/?url=/?id=3228018, 19.02.08.

genstand per se einen bestimmten Wert zu. Second Life jedoch unterscheidet sich in einigen wesentlichen Aspekten von den angesprochenen MMORPGs.

Wie bereits in Kapitel 2.1 aufgeführt, verfolgt der Bewohner kein Spielziel, das den Einsatz besonderer Gegenstände oder Fähigkeiten notwendig machen würde. Zudem sind Güter in Second Life prinzipiell nicht begrenzt.[40] Mit Ausnahme des Grundbesitzes, auf den im Kapitel 4.1.1 noch eingegangen wird, stehen dem Nutzer Rohstoffe zum Bau von Objekten in unbegrenzter Zahl zur Verfügung.[41] Integrierte Tools sollen jedem Nutzer die größtmögliche Gestaltungsfreiheit geben, mit den Rohstoffen neue Objekte nach Belieben zu erschaffen. Geschaffene Objekte wiederum unterliegen weder einer Abnutzung, noch sind Avatare auf die Nutzung bestimmter Güter, z. B. regelmäßige Aufnahme von Lebensmitteln angewiesen. Und trotzdem entstand innerhalb von SecondLife eine Wirtschaft, deren Brutto-Inlands-Produkt 2005 auf 65 Millionen US $ beziffert wurde.[42]

Worin liegt aber der Anreiz für den Handel mit virtuellen Gütern in Second Life, wenn diese von jedem kostenlos produziert werden können und darüber hinaus nicht einmal eine Notwendigkeit für den Kauf solcher Güter besteht? Die Antwort auf diese Frage ist ambivalent. Obwohl keine Notwendigkeit für den Kauf bestimmter Güter besteht, scheinen die Nutzer selbst ein Bedürfnis zu entwickeln, ihr virtuelles Ebenbild durch bestimmte Modifizierungen individuell zu gestalten. Worin die Motivation zur Umgestaltung der Avatare liegt, ist nicht Bestandteil dieser Hausarbeit und kann daher nicht angemessen ergründet werden. Ungeachtet der Beweggründe sind Nutzer, wann immer die eigenen Fähigkeiten und Kenntnisse nicht ausreichen, auf Dritte angewiesen, um ihre Wünsche umzusetzen, was uns direkt zum Teil der Antwort führt.

Der eigentliche Handel in Second Life beruht hingegen nach Ansicht der Autoren dieser Arbeit auf zwei Grundvoraussetzungen. Die erste der beiden Voraussetzungen schuf Linden Lab, indem es das geistige Eigentum eines jeden Nutzers uneingeschränkt schützte. Von einem Nutzer entworfene Gegens-

---

[40] Vgl. Nusch, M: Mit dem Bus durch Second Life, S. 220f.

[41] Vgl. Nusch, M.: Mit dem Bus durch Second Life, S. 74ff.

[42] Vgl. Vorsamer, B.: Ich mach mir die Welt, wie sie mir gefällt, http://www.ard.de/kultur/sonstiges/second-life/-/id=171948/nid=171948/ did=475744/1wyp1fd/index.html, 19.02.08.

tände – Kleidung, Häuser, Accessoires – aber auch Skripte unterliegen dem Urheberrecht, da sie das geistige Eigentum des Entwicklers sind.[43] Dadurch können Objekte nicht einfach kopiert werden, wie die Copybot-Affäre zeigte, bei der ein Programm alle in Second Life enthaltenen Objekte kopieren konnte, ohne dafür bezahlen zu müssen.[44]

Die zweite Grundvoraussetzung ist die von den Entwicklern eingeräumte Freiheit, die keinerlei Restriktionen unterliegt. Second Life verzichtet bewusst darauf, ein bestimmtes Konzept oder Design-Bausteine vorzugeben, die den Nutzer in seiner Kreativität beeinflussen könnten, sondern unterstützt mit den bereits angesprochenen Tools die Entwicklungsfreiheit.

Ein weiterer wichtiger Schritt, wenngleich nicht zwingende Grundvoraussetzung für einen funktionierenden Handel, war die Einführung einer eigenen Währung, die über eine in Second Life integrierte Börse – LindeX – zu tagesaktuellen Preisen in US $ getauscht werden kann.[45] Nutzer sind dadurch nicht auf externe Plattformen zum Austausch von Gütern angewiesen.

Somit ist das Zusammenspiel von uneingeschränktem Urheberrecht an erzeugten Objekten und die restriktionsfreie Gestaltung Basis für den Handel mit virtuellen Gütern, die aus nicht näher betrachteten Gründen trotz fehlender Notwendigkeit nachgefragt werden. Unterstützt wird die so entstandene Wirtschaft durch die Eröffnung eines direkten Weges zum Tausch des virtuellen Geldes in reales Geld.

---

[43] Vgl. Hamann, Götz: Uehlecke, Jens: Die nächste Kolonie des Kapitalsimus, http://www.zeit.de/2007/02/Second-Life?page=3, 19.02.08.

[44] Vgl. Bonacker, V.: Virtuelle Kriminalität mit echtem Schaden, http://spiele.t-online.de/c/13/14/99/88/13149988.html, 19.02.08.

[45] Der Wechselkurs für einen US $ liegt derzeit bei etwa 265 Linden Dollar. http://secondlife.com/whatis/economy-market.php, 19.02.08.

4.1.2 Handel mit virtuellen Gütern

Erst die im vorangegangen Kapitel dargelegten Rahmenbedingungen legten den Grundstein für die erste Form des eCommerce innerhalb von Second Life – dem Handel mit virtuellen Gütern.

Heute gibt es zahllose Entwickler, die sich darauf spezialisiert haben, durch ihre Fähigkeiten und Kenntnisse einmalige Objekte für die Welt von Second Life zu entwerfen, um diese später an weniger talentierte Spieler oder Nutzer mit mangelnder Zeit zu verkaufen. Das Angebot an virtuellen Gütern ist schier grenzenlos. Es reicht von Zahnspangen über Autos und Fluggeräte bis hin zu Lebensmitteln und Kunstwerken. Zudem können „kosmetische Korrekturen" am Avatar durchgeführt werden. Frisuren lassen sich ebenso ändern, wie die Haut oder das Repertoire an Animationen, die die Spielfigur beherrschen. Sogar ein neuer Körper im Ganzen lässt sich erstehen.[46]

Zum zweifelsfrei umsatzstärksten Bereich des Handels mit virtuellen Gütern zählt die Bekleidungsbranche. Als herausragender Vertreter gilt das Modelabel Blaze. Nach eigenen Angaben erwirtschaftete das Unternehmen allein im Jahr 2006 einen Umsatz von 100.000 US$.[47] Im Angebot des virtuellen Modehauses finden sich neben Kleidung für das virtuelle Alter Ego auch Verschönerungen für die Spielfigur, die zum Teil nach Kundenwünschen erstellt werden können.[48] Blaze zählt jedoch zu den absoluten Ausnahmen. Im Januar dieses Jahres konnten nur wenige Unternehmen Gewinne erzielen, die 5.000 US$ überstiegen. Mehr als die Hälfte der geschätzten 55.000 Unternehmer, die bei Second Life registriert sind, verzeichnete hingegen einen monatlichen Gewinn von weniger als 10 US$.[49] Fakt ist: Nur die Wenigsten verdienen in dieser Form des eCommerce.[50]

---

[46] Vgl. Nusch, M.: Mit dem Bus durch Second Life, S. 138ff.

[47] Vgl. Geiger, J.; Szugat, M.: 3D-Web: Second Life, Geschäfte im zweiten Leben, http://www.pc-professionell.de/praxis/netzwerke/article20070306028.aspx, 19.02.08

[48] Vgl. Interflug, S.: 100000 US$ mit virtueller Mode, http://slinside.com/index.php?option=com_content&task=view&id=284, 19.02.08.

[49] Vgl. o. V.: http://secondlife.com/whatis/economy_stats.php, 19.02.08.

[50] Vgl. o. V.: http://www.sueddeutsche.de/finanzen/artikel/954/99855/print.html, 19.02.08.

Anders verhält es sich jedoch mit dem Handel und dem Verkauf von virtuellem Grundbesitz.

4.1.3 Handel mit virtuellen Grundstücken und Immobilien

Der zweite, weitaus umsatzstärkere Bereich des eCommerce in Second Life ist der Handel mit virtuellem Grundbesitz und Immobilien. Aufgrund einer Sonderstellung des Grundbesitzes innerhalb des Metaversums von Second Life, ist der Handel mit ihm im Gegensatz zum Verkauf virtueller Güter nur zum Teil auf dieselben Voraussetzungen angewiesen, wie sie in Kapitel 4.1 dargelegt wurden.

Zurückführen lässt sich die Ausnahmestellung auf verschiedene Besonderheiten. So ist das Grid, die in verschieden Regionen unterteilte Grundfläche von Second Life, begrenzt und damit auch die Menge des kaufbaren Landes. Hinzu kommt, dass der Kauf verschiedenen Restriktionen unterliegt. [51] Nur die kostenpflichtige Premium-Mitgliedschaft berechtigt dazu im Rahmen einer Auktion Land direkt von den Linden Labs gegen eine einmalige Gebühr zu erstehen. [52] Abhängig ist die Gebühr von verschiedenen Faktoren, wie der Lage des angebotenen Grundstücks. Zusätzlich wird eine monatliche Nutzungsgebühr von 5 US $ für eine 1/128-Region bis zu 195 US$ für eine ganze Region, ein sogenanntes SIM, fällig. Da der Grundbesitz ferner Grundvoraussetzung für den Bau von Shops und ähnlichen Gebäuden ist, hat sich rund um den spekulativen Handel mit Land und Immobilien ein nicht nur für Linden Labs ertragreicher Zweig des eCommerce innerhalb von Second Life entwickelt.

Als eine der Ersten, erkannte Ailin Gräf die Chancen, die mit dem Immobilienhandel in Second Life einhergehen. Als Anshe Chung hat sie sich darauf spezialisiert, Grundstücke zum Nennwert zu kaufen, um sie mit aufwendig gestalteten Häusern und Landschaften zu verschönern und zu einem – teils deutlich – höheren Preis zu verkaufen. Mit ihrem Geschäftsmodell ist Gräf so erfolgreich, dass sie inzwischen etwa 30 Mitarbeiter beschäftigt, die sich ausschließlich dem Terraforming, d. h. der Umwandlung des gekauften Landes

---

[51] Grundsätzlich könnte Linden Labs zwar jederzeit neues Land hinzufügen, dennoch wäre das Angebot in jedem Fall nicht unbegrenzt.

[52] Vgl. auch im Folgenden: http://de.secondlife.com/pricing/landpricing, 20.02.08.

widmen. Gräf gilt als erste Dollarmillionärin in Second Life und ist gleichzeitig ein Aushängeschild für die Möglichkeiten des eCommerce in Second Life.[53]

Doch wie auch das Modelabel Blaze gilt die Deutsche wohl eher als Ausnahme und nicht stellvertretend für alle, die mit Grund und Boden in Second Life spekulieren. Denn Gräf genießt nicht nur den First Mover-Vorteil, sondern nimmt unter den Grundbesitzern eine Ausnahmestellung ein. [54] Ihr Allein gehört 1/7 der gesamten Fläche des Second Life Metaversums – ein Umstand, der es Nachahmern schwer macht, in diesem Bereich des eCommerce in Second Life Fuß zu fassen.[55]

---

[53] Vgl. Köver, C.: Im zweiten Leben reich geworden, http://www.zeit.de/2007/02/Portraet-SL-Chung, 20.02.08.

[54] Unternehmen, die als Vorreiter in einen Markt vordringen, werden als First Mover bezeichnet.

[55] Vgl. Köver, C.: Im zweiten Leben reich geworden, http://www.zeit.de/2007/02/Portraet-SL-Chung, 20.02.08.

4.2 Mass-Customization in neuer Realitätsnähe

Viele namhafte Unternehmen erwerben in Second Life Inseln oder Grundstücke, um in der virtuellen Welt Geschäfte zu eröffnen. Dabei gilt es, reale und virtuelle Konsumgüter prinzipiell zu unterscheiden. Die Angebote von virtuellen Gütern in Second Life können ausschließlich dort verwendet werden, wie in den vorherigen Kapiteln ausführlicher beschrieben wurde. Reale Konsumgüter können wiederum in Second Life nur als digitale Kopie dargestellt werden. Mittlerweile gibt es eine Vermischung von virtuellen und realen Gütern. So können sich Nutzer von Second Life mit einem „Klick" Artikel, die in Second Life virtuell abgebildet sind, als reale Ware nach Hause liefern lassen. Einige Unternehmen haben hierzu Geschäftsmodelle in Second Life umgesetzt, wie die Firma Dell, Amazon oder die Deutsche Post AG.[56]

Der Computerhersteller Dell hat einen virtuellen Shop implementiert, in dem Avatare sich einen Computer aussuchen und sich diesen als reales Objekt nach Hause liefern lassen können.[57] Auch Amazon ist mit virtuellen Shops nahezu seit Beginn von Second Life vertreten. Ein möglicher Hintergrund für die frühe Einbindung von Amazon in Second Life könnte die Tatsache sein, dass der Gründer von Amazon, Jeff Bezos, einige Millionen US$ in Linden Lab investierte.[58]

Doch auch kleinere Geschäftsideen finden ihren Weg in die virtuelle Welt, wie der Handpuppenshop. Neben einem üblichen Webshop hat der Inhaber, Martin Jansen, eine Filiale im „Apfelland"[59] in Second Life. Die Investition, die nach Angaben des Inhabers sehr gering ist, lohnt sich: ca. 50 Besucher kommen im Monat in die Second Life-Filiale. Einige besuchen davon den Webshop. Mit einem einzigen Kunden im Jahr kann der Shop finanziert werden.[60] Anfangs gab es im virtuellen Shop die Handpuppen lediglich zu bestaunen, in-

---

[56] Vgl. o. V.: http://www.blaetter.de/artikel.php?pr=2517, 20.02.08.

[57] Vgl. Hamann, G.; Uehlecke, J.: http://www.zeit.de/2007/02/Second-Life?page=2, 20.02.08. Dell hat sich mittlerweile mit seinem Shop aus Second Life zurückgezogen, siehe Kapitel 5 der vorliegenden Arbeit.

[58] Vgl. Hamann, G.; Uehlecke, J.: http://www.zeit.de/2007/02/Second-Life?page=2, 20.02.08.

[59] Eine der größten Gemeinschaften in Second Life.

[60] Vgl. König, V.: http://internet.magnus.de/netzleben/artikel/geld-verdienen-bei-second-life.html, 20.02.08.

zwischen können die Besucher des Shops die Handpuppen darüber real bestellen.

Die Deutsche Post AG ist dabei ein bekanntes Beispiel für ein deutschansässiges Unternehmen, weshalb das Beispiel ausführlich beschrieben wird.

4.2.1 Deutsche Post AG

Im Mai 2007 hat auch die Deutsche Post AG ihren Weg ins Second Life gefunden und auf „Post Island" eine virtuelle Postfiliale eröffnet.[61] Im Gegensatz zu anderen Unternehmen, die überstürzt eine virtuelle Niederlassung in Second Life eröffneten, setzte die Deutsche Post AG ihre strategische Planung mit viel Kreativität um. So machte die Deutsche Post mit einem Postkartenwettbewerb unter dem Motto „Sommer, Sonne, Reisefieber" auf ihr Angebot aufmerksam. Die Bewohner von Second Life wurden dazu aufgerufen, gemäß dem Motto Postkartenmotive in den Ateliers des Post Towers zu entwickeln. Als Anreiz zum Mitmachen gab es als Siegerprämie ein virtuelles Grundstück, so dass sich viele Second Life User daran beteiligten.[62]

Das besondere bei den Postkarten der Deutschen Post in der virtuellen Welt ist, dass sie in die reale Welt versendet werden können. Damit hat die Deutsche Post eine Brücke zwischen der virtuellen Welt und der realen Welt geschaffen und damit einen neuen Kommunikationskanal erschlossen.[63]

Im Februar 2008 hat sich die Deutsche Post vorerst aus Second Life zurückgezogen. Für die Deutsche Post war Second Life ein Projekt mit dem Ziel, neue kreative Perspektiven für die Kommunikation untereinander und weltweit zu liefern[64] sowie einen innovativen Marktauftritt zu schaffen. Nach eigenen Angaben hat die Deutsche Post AG ihre Ziele erreicht und zieht eine positive Bilanz aus der virtuellen Filiale.[65] Das Fazit für die Deutsche Post ist wirklich ein

---

[61] Vgl. Fösken, S.: Der Eintritt ist frei, Absatzwirtschaft, 8/2007, S. 35.

[62] Vgl. Fösken, S.: Der Eintritt ist frei, Absatzwirtschaft, 8/2007, S. 35.

[63] Vgl. o.V.: http://secondlife.deutschepost.de/, 13.02.08.

[64] Vgl. Fösken, S.: Der Eintritt ist frei, Absatzwirtschaft, 8/2007, S. 35.

[65] Vgl. o.V.: http://secondlife.deutschepost.de/, 13.02.08.

großer Erfolg, da sie sich mit der Aktion in Second Life ein modernes Image zugelegt und gleichzeitig einen Marketingeffekt erzielt hat.

4.3   eMarketing

eMarketing wird in Second Life vielfach umgesetzt. Im Folgenden werden die Formen Online-Werbung und Online-PR des eMarketings in Second Life analysiert. Dabei gibt es eine Addition vom elektronischen Handel und eMarketing. Unternehmen, die einen virtuellen Shop in Second Life eröffnen, erhalten Aufmerksamkeit aus der realen Welt. Gleichzeitig setzen Unternehmen das Instrument PR ein: Es werden Meldungen über den eigenen Shop in Second Life herausgegeben. Mit beeindruckenden und interessanten Meldungen können sich dabei signifikante Zugriffssteigerungen in den virtuellen Shops realisieren.[66]

Und auch Produkteinführungen, die parallel in der realen und virtuellen Welt durchgeführt werden, versprechen eine größere Wahrnehmung der Marke. Das ergab eine Untersuchung der Hamburger Eventagentur Vitamin-e Events & Emotions in Zusammenarbeit mit der Chemnitzer Wissenschaftlerin Cornelia Zanger. Analysiert wurde ein Parfüm der Marke „Paco Rabanne". Zielgruppe waren Männer, die jung, trendorientiert und aktiv sind. Es wurde an realen Orten sowie im „Apfelland", eine der größten Gemeinschaften in Second Life, gleichzeitig eine Party veranstaltet, an denen nur geladene Gäste teilnehmen konnten. Dabei konnten die virtuellen Partygäste eine Duftprobe per Expresslieferung bestellen, die innerhalb von 20 Minuten zu den Gästen nach Hause geliefert wurden. Im Vorfeld, während und nach der Veranstaltung wurden die Gäste zu der Aktion befragt. Das Ergebnis der Umfrage war, dass eine parallele Durchführung des Events in Verbindung mit der realen Erlebnismöglichkeit für die Second Life-Nutzer, zu einer anschaulicheren und positiven Wahrnehmung der Marke führt. Dabei können die Ziel- und Altersgruppen auch voneinander unterschieden werden.[67]

---

[66] Vgl. Hohberger, P.: Skript zur Vorlesung eCommerce, Kapitel 4.

[67] Vgl. o. V.: http://www.handelsblatt.com/News/Unternehmen/Marketing-Channel/_pv/_p /204789/_t/ft/_b/1324128/default.aspx/produkteinfuehrung-via-second-life.html, 20.02.08.

Second Life bietet vielfältige Gestaltungsmöglichkeiten für die Online-Werbung über die bekannten Bannerkampagnen hinaus. So können die Instrumente der Werbung aus der realen Welt in Second Life eingesetzt werden, wie z. B. Werbeplakate auf Litfasssäulen (animierte Plakate sind auch möglich) und Anzeigen in virtuellen Zeitschriften. Das ermuntert Unternehmen in Second Life, Werbung zu schalten, denn die traditionelle Werbung wird von vielen Verbrauchern, nicht mehr richtig wahrgenommen bzw. wird Werbung im Allgemeinen als Belästigung angesehen. Hingegen könnten die Unternehmen mit ihrer Werbung in Second Life eine höhere Wirkung erzielen.[68]

Virtuelle Plakatwerbung hat bspw. die Genfer Uhrenmarke „Hublot" erfolgreich in Second Life eingebracht. Das Unternehmen hat als erstes schweizerisches Unternehmen virtuelle Plakate im November 2007 für Second Life entworfen. Sie bieten neben einer zum Teil aufwendigen Gestaltung zusätzlich Unterhaltung für den Second Life-Bewohner. Über die Plakate können Informationen über das Produkt und die Firma abgefragt werden. Darüber hinaus können über die Plakate virtuelle Werbegeschenke an die Avatare übermittelt werden. Damit will das Unternehmen gezielt die Schweizer Community in Second Life erreichen.[69]

Andere Unternehmen setzen ihren Schwerpunkt eher auf Interaktivität mit dem Second Life-Bewohner. Mercedes bietet bspw. Unterhaltung und Informationen an sowie virtuelle Probefahrten mit verschiedenen Modellen. Und auch Toyota stellt seine neuen Modelle für Probefahrten bereit. Fast jede Branche ist mittlerweile in Second Life vertreten: Lebensmittel, Computertechnik, Telekommunikation, Banken und Finanzdienstleister und andere. Dabei sind Banken und Finanzdienstleister noch nicht sehr häufig in Second Life anzutreffen und deutsche Kreditinstitute sind bislang gar nicht vertreten.[70]

Die aufgeführten Beispiele und Nutzungsszenarien stellen lediglich einen Auszug aus den diversen Alternativen und Wegen des eMarketing, insbesondere der Online-Werbung in Second Life dar.

---

[68] Vgl. Ruprecht, M.: Internet, Wie im richtigen Leben, S. 30.

[69] Vgl. o. V. : http://www.pedromeyamarty.com/wp-content/uploads/ 2007/11/medieninfo_hublot_plakatwerbung.pdf, 20.02.08.

[70] Vgl. Ruprecht, M.: Internet, Wie im richtigen Leben, S. 30.

Mittlerweile wird von Marketingfachleuten die Effektivität der Werbebotschaften in Second Life in Frage gestellt, da womöglich die Werbung in der virtuellen Welt gar nicht erwünscht ist.[71] Hierzu gibt es verschiedene Untersuchungen. Festzustellen ist jedoch, dass jeder Form von eMarketing eine sorgfältige Planung vorausgehen sollte, damit sie effektiv ist.

---

[71] Vgl. Wolf, S.: http://www.promobizz.de/modules/wfsection/article.php?articleid=344, 20.02.08.

5 Status quo und Fazit

Mit der Einführung des Metaversums von Second Life ebneten die Entwickler
– bewusst oder unbewusst – den Weg für eine gänzlich neue Dimension des
Online-Shoppings. Anders als im herkömmlichen Webshop ist es potenziellen
Kunden nun möglich, die angebotenen Waren dreidimensional zu begutachten,
bevor diese gekauft werden. Insbesondere Besitzer kleiner Webshops, die kein
physisches Ladengeschäft betreiben, können auf diesem Weg ihre Waren mit
einfachen Mitteln kostengünstig in einer neuen Qualität anbieten und den Ver-
sand des physischen Produktes über den virtuell getätigten Kauf anstoßen.

Doch genau an dieser Stelle krankt das System von Second Life. Viele
(große) Unternehmen haben eine „Niederlassung" in der virtuellen Welt, doch
fehlt es an der technischen Anbindung der eigenen Wertschöpfungskette. Produkte werden bisher beinahe ausschließlich zu Werbezwecken in virtueller
Form verkauft oder verschenkt, die „Niederlassungen" aus Imagegründen ge-
baut. De facto ist es das eMarketing, das sich die Welt von Second Life erobert
hat. In verschiedenen Formen nutzen Unternehmen das Metaversum, um eifrig
neue Kundengruppen zu erschließen. Die Bandbreite der Marketingmaßnahmen reicht von Productplacement über Events bis hin zu den angesprochenen
virtuellen Gebäuden. Doch auch in Sachen Marketing sind der Welt von Second
Life Grenzen gesetzt. Momentan lässt es die Technik nicht zu, dass mehr als
50 Personen gleichzeitig einem Event beiwohnen[72], wodurch die Wirkung von
massenwirksamen Veranstaltungen deutlich an Attraktivität einbüßt.

Neben dem eMarketing hat sich ein Zweig des eCommerce etabliert, der
eng mit Second Life selbst verknüpft ist. Entwickler und Grafiker, Immobilien-
und Bodenhändler haben sich den Markt für virtuelle Güter erschlossen, der
jedoch bereits von anderen Online-Welten bekannt war. Getragen von einer
stetigen Nachfrage der User zählt vor allem der Bereich des Immobilien- und
Grundstückhandels trotzdem zu den Gewinnern von Second Life.

---

[72] Vgl. o. V.: http://www.zm-online.de/m5a.htm?/zm/7_07/pages2/edv1.htm, 20.02.08.

Unternehmen anderer Rubriken ziehen sich dagegen aus Second Life zurück. Dieser Umstand geht sicherlich einher mit dem Rückgang der Besucherzahlen.[73] Second Life bietet somit nicht mehr genügend Attraktivität, um Geschäftsmodelle umzusetzen oder weiterhin am Markt bestehen zu bleiben. Die Resonanz ist der Rückzug. Insbesondere die Unternehmen aus den USA ziehen sich aus Second Life vermehrt zurück. So etwa die Hotelkette Starwood, die in Second Life ein Aloft-Hotel erschaffen hatte, bevor das Bauprojekt im realen Leben gestartet wurde. Starwood wollte die Vorschläge der Gäste im virtuellen Hotel in den Bauplänen des realen Projektes berücksichtigen. Starwood hat damit das Nutzungsszenarium „Prototyping für Produkte und Gebäude" umgesetzt.

Die Firma Dell gehört mittlerweile auch zu den „Aussteigern". Dagegen sind die deutschen Firmen insgesamt zufriedener, so berichten es zumindest die Medien.[74] Doch auch Adidas hat im August 2007 seinen Shop in Second Life aufgegeben.[75] Einige bekannte Markenhersteller gibt es in Second Life dennoch: Die Geschäfte von Funny Frisch oder Daimler Chrysler mit der Mercedes-Filiale bestehen weiterhin.[76] Aus den genannten Fakten lässt sich deduzieren: der sog. Hype um Second Life nimmt allmählich ab.

Für die Zukunft wäre ein Konzept wünschenswert, dass die Möglichkeiten der virtuellen Welt voll umsetzt und den Brückenschlag von der virtuellen in die reale Welt schafft, das virtuelle Shoppingerlebnis mit der Lieferung eines physisch existenten Produktes abschließt und so einen Mehrwert für Konsumenten und Produzenten gleichermaßen darstellt.

---

[73] Vgl. o. V.: http://www.welt.de/webwelt/article1030880/US-Firmen_fluechten_ aus_Second_Life.html, 20.02.08.

[74] Vgl. o. V.: http://www.welt.de/webwelt/article1030880/US-Firmen_fluechten_aus_Second_Life.html, 20.02.08.

[75] Vgl. Metzger, D.: http://www.sonntagszeitung.ch/multimedia/, 20.02.08.

[76] Vgl. o. V.: http://www.welt.de/webwelt/article1030880/US-Firmen_fluechten_ aus_Second_Life.html, http://www.zm-online.de/m5a.htm?/zm/7_07/pages2/edv1.htm, 20.02.08.

Schrifttumsverzeichnis

Breuer, Markus:

White Paper, Second Life und Business in virtuellen Welten, Elephant Seven AG, 2007.

Bonacker, Volker:

Virtuelle Kriminalität mit echtem Schaden,
http://spiele.t-online.de/c/13/14/99/88/13149988.html, Lesedatum: 19.02.08.

Fösken, Sandra:

Der Eintritt ist frei, in: Absatzwirtschaft, Ausgabe 8/2007.

Geiger, Jörg; Szugat, Martin:

3D-Web: Second Life, Geschäfte im zweiten Leben,
http://www.pc-professionell.de/praxis/netzwerke/article20070306028.aspx,
Lesedatum:19.02.08

Hamann, Götz; Uehlecke, Jens:

Die nächste Kolonie des Kapitalsimus, http://www.zeit.de/2007/02/Second-Life?page=3, Lesedatum: 19.02.08.
http://www.zeit.de/2007/02/Second-Life?page=2, Lesedatum: 20.02.08.

Hohberger, Peter:

Skript zur Vorlesung eCommerce, Teil1 und Teil 2, 2008.

Interflug, Silvio:

100000 US$ mit virtueller Mode,
http://slinside.com/index.php?option=com_content&task=view&id=284,
Lesedatum : 19.02.08.

König, Volker:

http://internet.magnus.de/netzleben/artikel/geld-verdienen-bei-second-life.html, Lesedatum: 20.02.08.

Köver, Chris:

Im zweiten Leben reich geworden, http://www.zeit.de/2007/02/Portraet-SL-Chung, Lesedatum: 20.02.08.

Lange, Barbara:

Alle Kanäle,

in: iX Magazin für professionelle Informationstechnik, 8/2007.

Metzger, Daniel.:.

http://www.sonntagszeitung.ch/multimedia/, Lesedatum: 20.02.08

Nusch, Martin:

Mit dem Bus durch Second Life, Fischer Taschenbuch Verlag GmbH, 2007.

o. V.:

http://www.cpc-consulting.net/Behavioral-Targeting, Lesedatum: 18.02.08.

o. V.

http://www.gilbert-edv.de/engineering/5/crm/glossar.htm, Lesedatum: 09.02.2008.

o. V.:

http://www.wissensnavigator.com/interface2/management/strategy/1_1_marketing/index.htm, Lesedatum: 18.02.08.

o. V.:

http://www.wow-europe.com/de/index.xml, Lesedatum: 12.02.08.

o. V.:

http://www.zm-online.de/m5a.htm?/zm/7_07/pages2/edv1.htm, Lesedatum: 20.02.08.

o. V. :

http://www.pedromeyamarty.com/wp-content/uploads/2007/11/medieninfo_hublot_plakatwerbung.pdf, Lesedatum: 20.02.08.

o. V.: Axel Springer AG – Welt Online:

http://www.welt.de/webwelt/article1030880/US-Firmen_fluechten_aus_Second_Life.html, Lesedatum: 20.02.08.

o. V.: CMP Media LLC (Hrsg.):

http://www.onlinewelten.com/link.php?url=http%3A%2F%2Fwww.gamasutra.com%2Fphp-bin%2Fnews_index.php%3Fstory%3D8705,Lesedatum : 20.02.08.

o. V.: Deutsche Post (Hrsg.):

http://secondlife.deutschepost.de/, Lesedatum 13.02.08.

o. V.: Fittkau & Maaß Consulting (Hrsg.):

http://www.w3b.org/ergebnisse/w3b24/, Lesedatum: 12.02.08.

o. V.: Handelsblatt (Hrsg.):

http://www.handelsblatt.com/News/Unternehmen/Marketing-Channel/_pv/_p/204789/_t/ft/_b/1324128/default.aspx/produkteinfuehrung-via-second-life.html, Lesedatum: 20.02.08.

o.V.: Linden Lab Research, Inc. (Hrsg.)

http://secondlife.com/whatis/economy-market.php, Lesedatum: 19.02.08.
http://secondlife.com/whatis/economy_stats.php, Lesedatum: 19.02.08.
http://de.secondlife.com/pricing/landpricing, Lesedatum: 20.02.08.

o. V. : marketing-BÖRSE GmbH (Hrsg.):

http://www.marketing-boerse.de/News/details/Trends-2006,
Lesedatum: 19.02.08.

http://www.marketing-boerse.de/News/details/Trends-2006,
Lesedatum: 19.02.08.

http://www.marketing-boerse.de/Fachartikel/details/Portale,
Lesedatum: 19.02.08.

o. V.: sueddeutsche.de GmbH (Hrsg.):

http://www.sueddeutsche.de/finanzen/artikel/954/99855/, Lesedatum:
19.02.08.

o. V.: Webmill Werbeagentur GmbH (Hrsg.):

http://www.second-life.com/de/land_auktionen.html, 18.02.08.

http://www.second-life.com/de/inseln.html, 18.02.08

o. V. : Wikimedia Foundation Inc., (Hrsg.):

http://de.wikipedia.org/wiki/Web_2.0, Lesedatum: 19.02.08.

http://de.wikipedia.org/wiki/Second_Life#Grundlagen, Lesedatum: 13.02.08.

http://de.wikipedia.org/wiki/Online-Marketing, Lesedatum: 20.02.08.

Picot, Arnold et al.:

Die grenzenlose Unternehmung: Information, Organisation und Management, Gabler Verlag, Wiesbaden 1998.

Pohlke, Annette:

Second Life, Verstehen, erkunden, mitgestalten, dpunkt.Verlag, 2007.

Ruprecht, Melanie:

Internet, Wie im richtigen Leben,
in: Märkte & Kunden, 03/2007.

Schipper, Michael:

Konsumentenverhalten in digitalen Welten,

in: Direkt Marketing, 9/2007.

Steiner, Markus:

Geschäft mit virtuellen Gütern im Internet boomt

http://www.pressetext.de/pte.mc?pte=080207036, Lesedatum: 19.02.08.

Tamm, Gerrit et al.:

Konzepte in eCommerce-Anwendungen, SPC TEIA Lehrbuch Verlag, Berlin 2003.

Tzschentke, Karin:

Handeln mit virtuellen Gütern: Die Boutique für Online-Gamer,

http://derstandard.at/?url=/?id=3228018, Lesedatum: 19.02.08.

Vorsamer, Barbara:

Ich mach mir die Welt, wie sie mir gefällt,

http://www.ard.de/kultur/sonstiges/second-life/-/id=171948/nid=171948/did=475744/1wyp1fd/index.html, Lesedatum: 19.02.08.

Wolf, Stephan:

http://www.promobizz.de/modules/wfsection/article.php?articleid=344, Lesedatum: 20.02.08.